大石寺縁起《たいせきじえんぎ》

当山は多宝富士大日蓮華山《たほうふじだいにちれんげさん》大石寺と称し、正応《しょうおう》三年（一二九〇）十月十二日、宗祖日蓮大聖人《しゅうそにちれんだいしょうにん》の法嫡《ほうちゃく》第二祖白蓮阿闍梨日興《びゃくれんあじゃりにっこう》上人によって開創された。寺号の大石寺は、地名の大石ケ原《おおいしがはら》に由来する。また、開基檀那《かいきだんな》は当富士上野郷の地頭・南条七郎次郎 平 時光《たいらのときみつ》である。

日興上人は、弘安《こうあん》五年（一二八二）に大聖人から一切の御付嘱《ごふぞく》を受け、大聖人御入滅の後は身延山久遠寺《くおんじ》の別当職に就かれた。しかし、その後数年にして、地《じ》頭《とう》の波木井実長《はきりさねなが》が民部阿闍梨日向《みんぶあじゃりにこう》にそそのかされて数々の謗法《ほうぼう》を犯すに至り、師の日興上人の再三の諌止《かんし》にも拘《かかわ》らず改めることがなかった。ために日興上人は、大聖人の「地頭の不法ならん時は我も住むまじ」との御遺言、また「国主此の法を立てらるれば富士山に本門寺の戒壇を建立せらるべきなり」との御遺命《ごゆいめい》により、遂《つい》に意を決せられて、宗旨《しゅうし》の根本たる本門戒壇《ほんもんかいだん》の大御本尊をはじめ、大聖人の御灰骨《ごはいこつ》、御書、御遺物《ごゆいもつ》等の一切の重宝を捧持《ほうじ》し、正応二年（一二八九）の春、身延の山を離れ、大聖人御在世《ございせ》当時からの強信者であった南条時光の請《こい》によって富士に移られた。

そして翌正応三年、大石寺を建立して大御本尊を安置し奉り、多くの御弟子方を養成されて、ここに万代にわたる仏法流布の基礎を築かれたのである。

爾来《じらい》七百有余年、当山は宗祖日蓮大聖人の仏法を連綿と伝え、今日に至っている。

目次

大石寺境内図

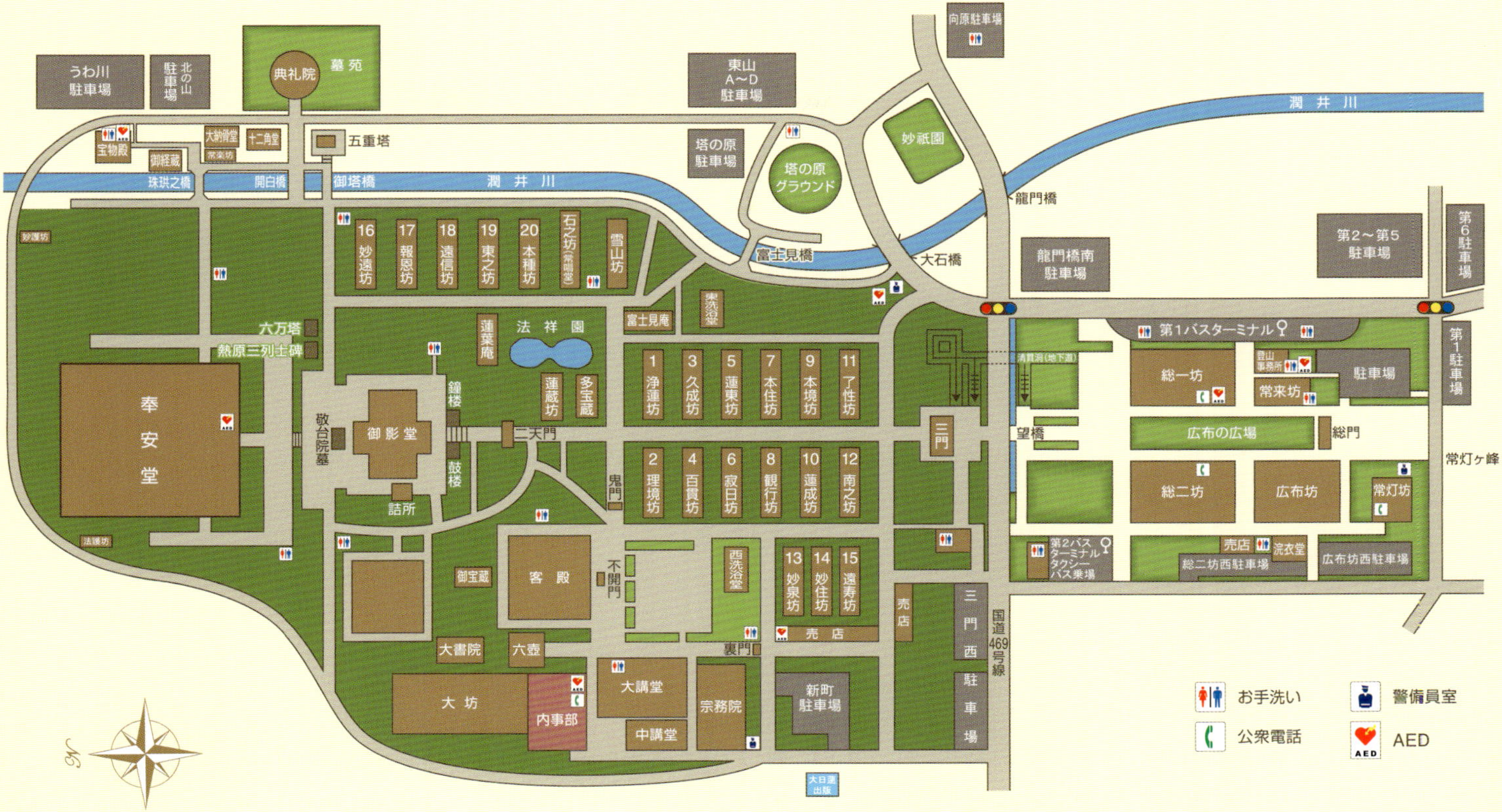

向原駐車場
うわ川
駐車場
北の山
駐車場
典礼院
墓苑
東山
A～D
駐車場
潤井川
宝物殿
大納骨堂
十二角堂
常楽坊
御経蔵
五重塔
塔の原
駐車場
塔の原
グラウンド
妙祇園
珠珙之橋
開白橋
御塔橋
潤井川
龍門橋
第6駐車場
第2～第5
駐車場
龍門橋南
駐車場
富士見橋
大石橋
妙護坊
16
妙遠坊
17
報恩坊
18
遠信坊
19
東之坊
20
本種坊
石之坊
(常唱堂)
雪山坊
東洗浴堂
第1バスターミナル
第1駐車場
六万塔
熱原三列士碑
蓮葉庵
法祥園
富士見庵
清貫洞(地下道)
1
浄蓮坊
3
久成坊
5
蓮東坊
7
本住坊
9
本境坊
11
了性坊
総一坊
登山事務所
駐車場
常来坊
鐘楼
蓮蔵坊
多宝蔵
奉安堂
敬台院墓
御影堂
二天門
三門
望橋
広布の広場
総門
鼓楼
2
理境坊
4
百貫坊
6
寂日坊
8
観行坊
10
蓮成坊
12
南之坊
常灯ヶ峰
鬼門
総二坊
広布坊
常灯坊
詰所
法詳坊
第2バスターミナル
タクシー
バス乗場
売店
浣衣堂
総二坊西駐車場
広布坊西駐車場
御宝蔵
客殿
不開門
西洗浴堂
13
妙泉坊
14
妙住坊
15
遠寿坊
売店
三門西駐車場
国道469号線
大書院
六壺
裏門
売店
大坊
内事部
大講堂
中講堂
宗務院
新町
駐車場
大日蓮出版
お手洗い
警備員室
公衆電話
AED

奉安堂

Hoando

本門戒壇の大御本尊を御安置する堂宇で、六十七世日顕上人の発願により、宗旨建立七百五十年を慶祝する記念事業として、平成十四年十月に落成した。

外観は、伝統的な日本の寺院建築様式である寄せ棟造り二層屋根で、構造は鉄骨造り、一部鉄筋コンクリート造り、地上一階・地下一階建て、間口七五メートル、奥行一一六メートル、高さ五五メートルで、日本の伝統的寺院建築としては類を見ない、最大級の規模である。

また堂内は、間口五五メートル、奥行八四メートルあり、内陣二三〇畳余の僧侶席のほか、外陣・信徒席として五千余の椅子席が設けられ、どの席からでも大御本尊を拝することができるよう配慮されている。

また、大御本尊御安置の須弥壇は、全体が特殊合金でできており、きわめて高い安全性が確保されている。

奉安堂内部

唐　破　風

正面の屋根と桜

雪化粧の奉安堂

稚児鬼（手前）と二乃鬼

照心庭より富士山を望む

総門

Somon

境内の南端入口に位置する門で、黒塗りにちなみ、古来「黒門」とも称されている。

大永二年（一五二二）、十二世日鎮上人が建立した記録が残っているが、現在の門は明治十三年（一八八〇）、五十五世日布上人が宗祖日蓮大聖人第六百遠忌ならびに二祖日興上人・三祖日目上人第五百五十遠忌の御報恩として再建新築されたものである。

以前は総一坊南側にあったが、平成十年に境内入口の正面に修築移設され、正式な表門として周辺の整備もなされた。

奉祝
第二祖日興上人御生誕七百七十年
日蓮正宗 総本山 大石寺
通路
Route

三門

Sammon

総門を入って約四〇〇メートル上った所に立つ大楼門である。

間口二四メートル、奥行一一メートル、高さ二二メートル、木造朱塗りで荘厳美麗をきわめ、その規模の雄大さにおいては東海随一とされる。

二十五世日宥上人の発願によるもので、正徳二年（一七一二）、徳川幕府六代将軍・家宣公が富士山の巨木七〇本、同御台所・天英院が黄金一、二〇〇粒を寄進し、六年の歳月をかけて享保二年（一七一七）に完成した。その後、数回の改修が施されている。

昭和四十一年（一九六六）、県の有形文化財に指定された。

三門北側の列柱と軒組

塔中参道

Tatchu Sando

三門から御影堂へと向かう参道には、幅広い石畳が敷かれている。その両脇には富士山の湧き水が流れ、春の訪れとともに参道脇の枝垂れ桜が花をつけると、参道全体が華やかに彩られる。

参道の敷石は、参詣信徒の増加にともない、数度にわたって拡幅されてきた。また、塔中の石垣も統一して整備され、優美な景観を呈している。

夜桜に彩られる参道

枝垂れ桜と湧き水の流れ

蓮蔵坊

浄蓮坊

久成坊

理境坊

百貫坊

中央塔中

Chuo Tatchu

蓮蔵坊

正応三年（一二九〇）、三祖日目上人の創建。宝永二年（一七〇五）、二十四世日永上人が再興して学頭寮とした。

現在の建物は昭和五十六年、日蓮大聖人第七百遠忌を機に、六十七世日顕上人により再建新築された。

浄蓮坊

元弘元年（一三三一）、日目上人の弟子・伯耆阿闍梨日道上人（のちの大石寺四世）の創建。

現在の建物は平成十九年、立正安国論正義顕揚七百五十年の記念事業として、六十八世日如上人により再建新築された。

理境坊

正応三年（一二九〇）、日興上人の弟子・下野阿闍梨日秀師の創建。

現在の建物は昭和五十二年に再建新築され、また平成二年、大石寺開創七百年の記念事業として増改築が行われた。

久成坊

正応三年（一二九〇）、日目上人の弟子、玉野大夫阿闍梨日尊師の創建。

現在の建物は平成十九年、立正安国論正義顕揚七百五十年の記念事業として、六十八世日如上人により再建新築された。

百貫坊

正応三年（一二九〇）、日興上人の弟子・摂津阿闍梨日仙師の創建。初め上蓮坊と称されていた。

現在の建物は平成二十年、立正安国論正義顕揚七百五十年の記念事業として、六十八世日如上人により再建新築された。

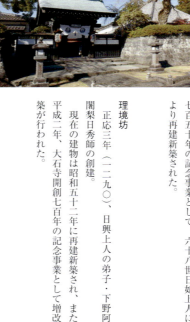

蓮東坊

本住坊

本境坊

寂日坊

観行坊

蓮成坊

蓮東坊

永仁二年（一二九四）、日目上人の弟子・三河公日蔵師の創建。

現在の建物は平成十九年、立正安国論正義顕揚七百五十年の記念事業として、六十八世日如上人により再建新築された。

寂日坊

正応三年（一二九〇）、日興上人の弟子・寂日房日華師の創建。古来、代官坊として塔中の首坊とされ、その格式を表すものとして門が朱に塗られている。

現在の建物は昭和五十九年、六十七世日顕上人により再建新築された。

本住坊

延元二年（一三三七）、四世日道上人の弟子・宮内卿阿闍梨日行上人（のちの大石寺五世）の創建。

現在の建物は平成二十年、立正安国論正義顕揚七百五十年の記念事業として、六十八世日如上人により再建新築された。

観行坊

元応元年（一三一九）、日目上人の弟子・伊勢公日円師の創建。

現在の建物は平成二十年、立正安国論正義顕揚七百五十年の記念事業として、六十八世日如上人により再建新築された。

本境坊

元亨元年（一三二一）、日興上人の弟子・治部公日延師の創建。初め治部坊と称されていた。

現在の建物は平成二十年、立正安国論正義顕揚七百五十年の記念事業として、六十八世日如上人により再建新築された。

蓮成坊

正安元年（一二九九）、日興上人の弟子・越後房日弁師の創建。初め乗観坊と称されていた。

現在の建物は平成二十年、立正安国論正義顕揚七百五十年の記念事業として、六十八世日如上人により再建新築された。

了性坊

妙遠坊

南之坊

報恩坊

遠信坊

了性坊

永仁四年（一二九六）、日興上人の弟子・大学了性房日乗師の創建。初め蓮仙坊と称し、蓮蔵坊の北側にあったが、十七世日精上人の時、現在地に移転された。

現在の建物は昭和六十一年、六十七世日顕上人により再建新築された。

南之坊

正応三年（一二九〇）、日興上人の弟子・少輔房日禅師の創建。初め少輔坊と称し、理境坊の北側にあったが、十七世日精上人の時、現在地に移転された。

現在の建物は平成二十年、立正安国論正義顕揚七百五十年の記念事業として、六十八世日如上人により再建新築された。

東塔中

Higashi Tatchu

妙遠坊

昭和三十九年（一九六四）三月、六十六世日達上人の創建。

初め、現在遠寿坊のある地に建立されたが、平成二十年、立正安国論正義顕揚七百五十年の記念事業として、六十八世日如上人により現在地に移転新築された。

報恩坊

元文五年（一七四〇）、三十世日忠上人の創建。

平成元年、大石寺開創七百年の記念事業として、六十七世日顕上人により再興新築された。

遠信坊

元禄年間（一六八八～一七〇三）、遠信房日具師の創建。昭和三十八年（一九六三）、六十六世日達上人により再興新築された。

現在の建物は平成十九年、立正安国論正義顕揚七百五十年の記念事業として、六十八世日如上人により再建新築された。

本種坊

蓮葉庵

東之坊

雪山坊

富士見庵

東之坊

延享二年（一七四五）、三十一世日因上人の創建。昭和三十年（一九五五）、六十四世日昇上人により再興新築された。

現在の建物は平成二十年、立正安国論正義顕揚七百五十年の記念事業として、六十八世日如上人により再建新築された。

本種坊

昭和三十六年（一九六一）、六十六世日達上人の創建。

現在の建物は平成二十年、立正安国論正義顕揚七百五十年の記念事業として、六十八世日如上人により再建新築された。

雪山坊

昭和元年（一九二六）、五十九世日亨上人の創建。

現在の建物は平成二十年、立正安国論正義顕揚七百五十年の記念事業として、六十八世日如上人により再建新築された。

蓮葉庵

往古の寿命坊旧跡であり、五十二世日霑上人が建立して蓮葉庵と称した。

現在の建物は平成二年、大石寺開創七百年記念事業の一環として、六十七世日顕上人により再建新築された。

富士見庵

元禄年中（一七〇〇年ごろ）に、石之坊北隣に創建された。

現在の建物は昭和三十三年（一九五八）、六十五世日淳上人により現在地に再興新築され、その後、数回にわたり修理が加えられている。

石之坊（常唱堂）

Ishinobo (Joshodo)

石之坊は享保九年（一七二四）、二十六世日寛上人の創建。

また常唱堂は「常題目堂」とも呼ばれ、享保十一年（一七二六）、日寛上人の発願により創建された。

創建当時、常唱堂には六人の僧侶が詰め、日夜不断に唱題行を修したと伝えられる。

常唱堂は大正十四年（一九二五）、五十八世日柱上人により石之坊の本堂として移転され、昭和四十一年には、六十六世日達上人の発願により、六間（約一一メートル）四面の堂宇に再建新築された。

多宝蔵

Tahozo

平成二年、大石寺開創七百年の記念事業として、法祥園西側に新築された。

大石寺に伝わる貴重な古文書等を収蔵する建物で、校倉（あぜくら）造りの内側に鋼板を張った二重構造、耐震耐火建築になっている。

説法石

Seppoishi

二祖日興上人が富士上野の地に移られてから大石寺を建立されるまでの間、石之坊境内にあるこの大石の上において、しばしば人々に説法されたと伝えられる。

法祥園

Hoshoen

平成二年、大石寺開創七百年の記念事業として蓮葉庵南に造成された一、六〇〇坪余の広大な庭園である。

晴れた日には、中央の明鏡池に雄大な富士山が鮮やかに映る。

法祥園北側より

西塔中

Nishi Tatchu

妙泉坊

遠寿坊

妙住坊

妙泉坊

昭和四十四年、六十六世日達上人の創建。

現在の建物は平成二十年、立正安国論正義顕揚七百五十年の記念事業として、六十八世日如上人により再建新築された。

妙住坊

昭和四十四年、六十六世日達上人の創建。

現在の建物は平成二十年、立正安国論正義顕揚七百五十年の記念事業として、六十八世日如上人により再建新築された。

遠寿坊

昭和五十三年、日蓮大聖人第七百遠忌の記念事業として、六十六世日達上人により創建。

初め妙泉坊西側に建立されたが、平成二十年、立正安国論正義顕揚七百五十年の記念事業として、六十八世日如上人により移転新築された。

二天門

Nitenmon

三門から御影堂へと至る参道なかばに、朱に塗られた二天門がある。

この門は「中門」とも称され、寛永十五年（一六三八）、十七世日精上人の代に建立された記録が残っている。

たびたび修築されてきたが、現在の門は、昭和三十五年、六十六世日達上人の代に再建された。

御影堂

Mieido

参道を北に進んでいくと、朱に塗られた御影堂に達する。「御堂（みどう）」とも通称されているこの建物には、嘉慶二年（一三八八）、六世日時上人の時、越前法橋快恵により造立された日蓮大聖人等身の御影が安置されている。

御堂は二祖日興上人によって創建され、現在の建物は寛永九年（一六三二）、十七世日精上人の代に、阿波徳島の藩主・蜂須賀至鎮公夫人の敬台院の寄進によって再建造営されたものである。

間口二五メートル、奥行・高さ二三メートルで、昭和四十一年には県の有形文化財に指定されている。

平成二十五年十一月、立正安国論正義顕揚七百五十年の記念事業として、六十八世日如上人により、約七年の工期を経て、全解体大改修工事が完成した。

唐 破 風

御影堂内陣

御 宝 前

御影堂外陣

鼓楼・鐘楼

Koro, Shoro

御影堂の南西と南東に、参道を挟むようにして鼓楼と鐘楼が建てられている。

これらは江戸時代初期に、十七世日精上人により創建された。

現在の建物は平成二年、大石寺開創七百年の記念事業として、六十七世日顕上人により再建新築された。

鼓楼の大太鼓は、御影堂での法要に法主上人が出仕する折に打ち鳴らされる。

一方、鐘楼の大梵鐘は、毎日、朝夕と正午の三回、時を告げ、また大法要の折や大晦日にも撞かれている。

鼓　楼

鐘　楼

六万塔

Rokumanto

奉安堂広開門の東側に、二基の六万塔が建っている。

右側の古い塔は、宝永元年（一七〇四）、二十四世日永上人の代に、駿河・武蔵・加賀・京・大阪・阿波の法華講衆による六億遍の唱題行をもって建立された。

左側の新しい塔は、平成六年、六十七世日顕上人の代に、全国の僧俗による六百億遍の唱題行をもって建立された。

塔身が六角からなるのは、法華経従地涌出品第十五で、上行菩薩をはじめとする六万恒河沙の菩薩が、妙法弘通のために涌出したことを表している。

熱原三烈士碑

Atsuhara Sanresshi-hi

弘安二年（一二七九）の熱原法難により、壮烈なる殉教を遂げた神四郎等の三烈士を顕彰するために建てられた碑である。

鬼門

Onimon

中央塔中の参道をのぼり、客殿に向かって左折した所に建つ門。

朱塗りで古風な唐破風造りの鬼門は大坊の表門に当たり、上部には鬼の面が付けられているところから、この名がある。

享保二年（一七一七）、二十五世日宥上人の建立によるもので、鬼門とは仏法帰入を象徴したものと言われる。

大坊

客殿

Kyakuden

客殿は、日蓮大聖人の法脈を受け継がれた歴代の法主上人が、毎朝、広宣流布祈願のために丑寅勤行を修されるなど、多くの法要が執り行われる重要な堂宇である。

寛正六年（一四六五）、九世日有上人によって創建された。

その後、たびたび再建され、平成十年三月、六十七世日顕上人により新築された。

基本構造は、耐震性にすぐれた堅牢な鉄骨造りで、外装や堂内の仕上げにはすべて天然木を使用し、温もりのある伝統的和風建築となっている。

間口・奥行とも約五〇メートル、高さ三六メートルの二階建てで、広間は一、一一二畳敷きの大空間である。

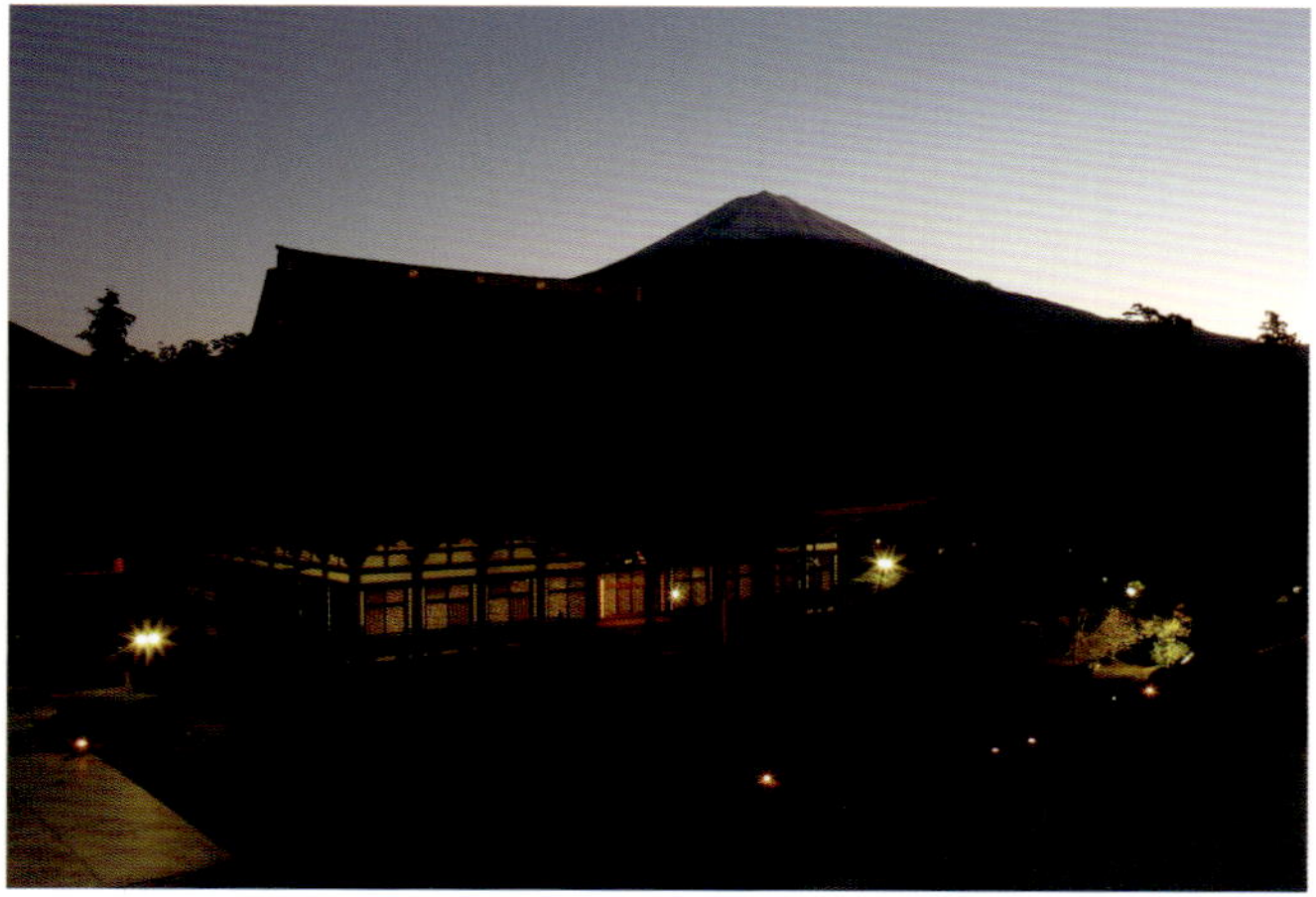

夜明けの客殿

客殿内部

客殿西側に架けられた雲板

東側回廊

正面額

不開門

Akazunomon

客殿の正面にある小さな門が不開門（あかずのもん）である。これは「勅使門」とも称され、広宣流布の暁に開かれるまでは閉ざされているのでこの名がある。

創建年次は明らかでないが、江戸時代中期に二十四世日永上人の時に再建された記録がある。

現在の門は平成十年、六十七世日顕上人により、客殿の新築に併せて再建新築された。

桜が咲き誇る客殿前

六壺

Mutsubo

客殿の西側に建つ六壺（むつぼ）は、二祖日興上人の創建で、大石寺発祥の堂宇である。

初め六室に分かれていたところから、この名があると伝えられ、大坊に在勤する僧侶の朝夕の勤行の道場ともなっている。

現在の建物は昭和六十三年十月、大石寺開創七百年の記念事業として、六十七世日顕上人により再建新築された。

一〇間（約一八メートル）四面、木造平屋建て、総けやき造りで、屋根は寄せ棟造り本瓦葺き、外壁は土壁塗り漆喰仕上げとなっており、耐震性にも優れた日本古来の伝統的木造建築である。

また、一七〇の畳数を持つ純木造物でありながら、内部には柱が四本しかない。これは、ここに集う僧俗すべてが共に御本尊を拝することができるよう配慮されたものである。

なお、六壺は建築技術協会の特別賞を受賞している。

六壺内部

六壺前の滝

御宝蔵

Gobozo

客殿北側の杉木立に囲まれた場所に御宝蔵がある。

間口七・二メートル（四間）、奥行九メートル（五間）の規模を持つ、銅桟葺き、土蔵造りの建物で、周囲には堀が回らされている。

宗祖日蓮大聖人の御真筆御本尊をはじめ、重要文化財に指定されている『諫暁八幡抄』『南条殿御返事』等の御真筆御書、また歴代法主上人の御本尊等の重宝が厳護されている。

これらの重宝は、毎年春に行なわれる御霊宝虫払大法会の時、虫損を防ぐために風が入れられ、参詣の信徒にも拝観が許される。

最も古い記録では九世日有上人によって建立されており、現在の建物は、寛政二年（一七九〇）、三十七世日琫上人により再建されたもので、その後、数回にわたり修理が加えられている。

唐破風

大書院

Daishoin

客殿の北西に建てられている、和風の清楚な建物が大書院である。

書院とは講義をしたり客を接待する所であり、創建は江戸初期と伝えられている。

現在の建物は、六十七世日顕上人によって昭和五十六年十月、日蓮大聖人第七百遠忌を記念して復興新築された。

白壁・白木造の平屋建て、寄せ棟造り、銅板一文字葺きの緩やかな屋根で、内部は一九八畳敷きの大広間となっている。

咲き始めの紅梅越しに大書院を望む

朝の陽光が差し込む大広間

正面玄関

大坊（内事部）

Daibo(Naijibu)

六壺の西側にある大坊は、正応三年（一二九〇）、二祖日興上人の創建以来、歴代の法主上人が居住される大石寺の中枢の坊である。

現在の建物は、昭和三十七年（一九六二）、六十六世日達上人の代に再建新築されたもので、広大な境域を有する大石寺全体の運営を統括する内事部をはじめ、納骨塔婆受付、役員室、会議室、学衆寮、末寺僧侶宿舎、大食堂、厨房等を備えている。

宗務院庁舎

Shumuin Chosha

大講堂の南側にあり、大石寺を総本山と仰ぐ日蓮正宗の宗務行政を司る宗務院の諸施設が入っている。

昭和五十六年、日蓮大聖人第七百遠忌の記念事業として、六十七世日顕上人により新築された。鉄筋コンクリート造り（二、五〇〇平方メートル）の近代的な建物で、一階には各部事務室、応接室、ロビー、倉庫等、二階には管長室、各部事務室、会議室、厨房等を備えている。

大講堂

Daikodo

大坊の南側にある大講堂は、昭和三十三年（一九五八）、六十五世日淳上人の代に建立された。

鉄筋コンクリート七階建てで、建坪七六三坪、総延べ坪二、八〇〇坪（九、二四〇平方メートル）となっている。

北側には会議室・富士学林教場等が、南側には三階から六階まで吹き抜けの大広間（七〇二畳敷き）が設けられ、僧俗大衆の教学研鑽、布教講演の大道場として使用されている。

大講堂大広間

中講堂

Chukodo

大講堂の西側にある中講堂は、昭和六十三年、大石寺開創七百年の記念事業として建立された。

鉄筋コンクリート造り、三階建ての建物で、一階は応接室、会議室および駐車場、二階は閲覧室・研究室・書庫等を備える富士学林図書館、三階は約三〇〇人収容の講堂となっている。

裏門

Uramon

六壺正面参道の南端に建つ。表門である鬼門に対して裏門と呼ばれる。

創建年次は明らかでないが、江戸時代中期の大石寺絵図に載るほか、文政六年（一八二三）、四十九世日荘上人の代に再建新築された記録も残っている。

現在の門は、昭和六十三年、大石寺開創七百年の記念事業として、六十七世日顕上人によって新築されたもので、間口九・五メートル、奥行四メートル、高さ六・五メートルの規模である。

五重塔

Gojyunoto

潤井川を隔てた高台の木立に囲まれ、西方に面して建ち、東海道沿線随一といわれる。

二十六世日寛上人が、徳川幕府六代将軍家宣公の御台所・天英院と共に、起塔の志を立てて基金を遺し置かれた。その後、五代にわたる法主上人が素志を継ぎ、三十一世日因上人が諸国を勧化して得た浄財と備中松山藩主・板倉勝澄公の寄進によって、寛延二年（一七四九）に完成した。

昭和四十一年、国の重要文化財に指定された。

規模は三間半（六・四メートル）四面で、高さ三四・三メートル。

軒下の彫りもの

正面の唐戸

43

御経蔵

Okyozo

奉安堂から潤井川を隔てた東方にある。元禄十年（一六九七）、二十四世日永上人の代に建立された。

昭和四十八年、六十六世日達上人により御影堂裏手から現在の場所へ移転新築された。

唐様も取り入れた入母屋一層、屋根は銅板一文字葺きで、内部には御書車（輪蔵＝回転式書架）がしつらえてあり、明本一切経（県の有形文化財）が収められている。

十二角堂

Junikakudo

十二角形に造られ、二祖日興上人以来の歴代法主上人の五輪位牌を安置する堂宇なので、「位牌堂」とも称せられる。

現在の建物は、昭和三十五年、六十六世日達上人により再建新築されたもので、その後昭和四十四年、御影堂の東北、歴代法主上人墓所の後方から潤井川東の現在地に移築された。

お華水と閼伽堂

Ohanamizu & Akado

奉安堂の東、杉木立の中に清泉が湧き出ており、古来「お華水（はなみず）」と称されてきた。番僧が毎早朝、この霊水を汲んで御宝前に供えている。

「閼伽（あか）」とは、仏前に供える浄水のことで、現在の閼伽堂は昭和四十八年、六十六世日達上人によって再建された。

広布坊

Kofubo

平成六年七月、法華講地涌六万大総会を機に、六十七世日顕上人により創建された。

建坪九八四坪、高さ二五メートル、鉄筋コンクリート造り二階建てで、本堂は回廊部分を含めて一、二四三畳ある。

広々とした空間の内部

総一坊・総二坊

Soichibo, Sonibo

総門と三門の間に建つ宿坊で、大石寺開創七百年の記念事業として、総一坊は昭和六十三年、総二坊は平成二年に、六十七世日顕上人により創建された。

鉄筋コンクリート造り、三階建ての近代的建築であり、屋根は銅板一文字葺きの寄せ棟造りで、和風の様式が取り入れられている。

それぞれ二階と三階には二〇〇畳以上の大広間が八室ずつ設けられており、登山参詣者の宿坊として、大いに利用されている。

登山事務所

Tozanjimusyo

総本山に参詣する法華講員の登山受け付け業務を行うために、平成三年、六十七世日顕上人により開設された。

初め、総一坊一階にあったが、平成二十三年、立正安国論正義顕揚七百五十年の記念事業として、六十八世日如上人により現在地に移転開設された。

総一坊

総二坊

常来坊

Joraibo

昭和四十七年、六十六世日達上人により創建。初め、広布坊西側の地に建立されたが、平成二十三年、立正安国論正義顕揚七百五十年の記念事業として、六十八世日如上人により現在地に移転新築された。

二階には二百七十坪の本堂・広間があり、一階には三百席の講堂を備えている。

常灯坊

Tokobibo

昭和四十七年、六十六世日達上人により創建。現在の常灯（とこひ）坊は、平成二十年、立正安国論正義顕揚七百五十年の記念事業として、六十八世日如上人により再建新築されたもので、主に海外信徒の宿坊として利用されている。

妙護坊・法護坊・常楽坊

Myogobo, Hogobo, Jorakubo

平成十四年、宗旨建立七百五十年慶祝記念総本山奉安堂建立事業の一環として従来の衛坊を改装・改称して新発足した坊である。

妙護坊・法護坊は奉安堂守護役の住坊として、また常楽坊は大納骨堂の管理をはじめとする典礼事務役の住坊となっている。

妙護坊

法護坊

常楽坊

東洗浴堂

西洗浴堂

洗浴堂・浣衣堂

Senyokudo, Kan'nedo

共に登山者用のシャワー室を備えた建物で、東西の洗浴（せんよく）堂は、それぞれ男女三〇名ずつが同時に利用可能で、平成十七年に創設された。

また浣衣（かんね）堂は、昭和四十七年の創設で、平成二十一年に再建された。男女七〇名ずつが同時に利用可能である。

浣衣堂

大石寺墓苑（典礼院）

Taisekiji Boen (Tenrei'in)

五重塔の東方、木立に囲まれた丘陵に位置し総面積一〇九、六五二平方メートル（三三、〇〇〇坪）の敷地に三師塔歴代墓地を中心に約一万六千基が立ち並ぶ広大な墓苑で、晴れた日には駿河湾をも一望できる。

昭和四十四年に御影堂裏手から移転開苑されたもので、中央広場には管理事務を行う典礼院（墓苑事務所）が建てられている。

現在の典礼院は、昭和五十九年、六十七世日顕上人により再建新築された。

三師塔

大納骨堂

Dainokotsudo

平成十七年には、六十七世日顕上人により、三階建て、十間四面の大納骨堂（ロッカー式納骨壇）および永久納骨堂、合葬所が新設され、併せて周辺も整備された。

昭和三十五年、六十六世日達上人により御影堂裏手の墓地北辺に創建され、同四十四年、潤井川東の現在地に移転新築された。

大名墓地

Daimyobochi

大名墓地は大納骨堂の東側に位置し、その名称は、江戸時代の大名である板倉家（備中松山藩）、前田家（大聖寺藩）、南部家（八戸藩）などの墓碑があることに由来する。

同所には、大行尊霊（大石寺開基檀那・南条時光）のほか、宗祖日蓮大聖人・二祖日興上人・三祖日目上人の御三師の御両親等の墓石も存する。

この墓地は、大石寺墓苑と同じく、昭和四十四年に現在地に移設された。

日蓮正宗総本山

大石寺案内

平成二十二年六月十五日　初　版発行
令和元年六月二十八日　第四版発行

監　修　日蓮正宗総本山大石寺

発　行　大日蓮出版
〒418-0116
静岡県富士宮市上条五四六番地の一

ISBN978-4-905522-83-6 C0015

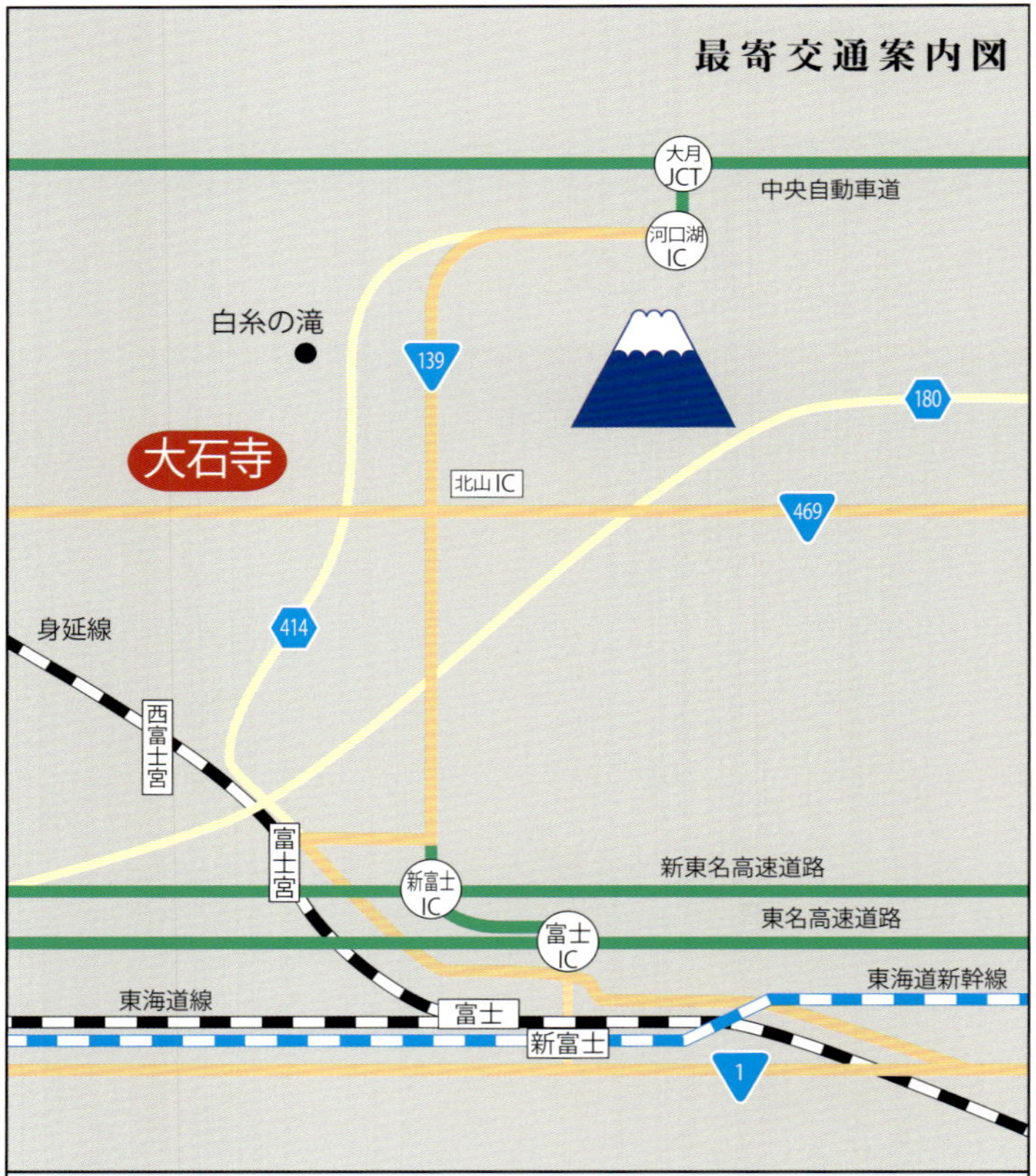

日蓮正宗総本山　大　石　寺
〒418－0116　静岡県富士宮市上条2057番地
TEL 0544－58－0810

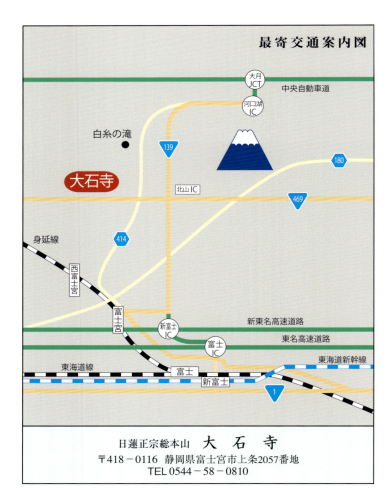